Dieses Buch gehört:

....

....

Kay Maguire · Danielle Kroll

Ein Jahr in der
Natur

Entdecke die wunderbare Welt vor deiner Haustür

CARLSEN

Inhalt

Einleitung

Natur ist überall – sie lebt, atmet und wächst direkt vor deiner Nase. Ob es die Vögel in den Bäumen sind, die Pilze im Wald, die Kaulquappen im Teich oder die Spinne im Zaun am Ende deiner Straße: Natur umgibt dich ringsherum. Du brauchst nur eine Minute innezuhalten und dich umzusehen.

So wie sich das Jahr mit jeder Jahreszeit wandelt, siehst du auch, wie sich die Insekten, Pflanzen und Tiere verändern. Im Frühling steigen die Temperaturen. Die Tage werden etwas länger. Knospen entfalten sich zu Blättern, die ersten Blumen blühen und die Winterschläfer unter den Tieren regen sich – sie wissen, dass sie nun endlich wieder Nahrung finden. Neues Leben kann geboren werden. Dann werden die Tage noch länger und wärmer, die Sonne scheint und der Sommer ist da! Überall blühen Blumen, Früchte reifen, und Vögel und Tiere verbringen ihre Tage damit, ihre Jungen mit Nahrung zu versorgen. Die Tage vergehen und das Wetter ändert sich wieder. Die Tage werden kühler und kürzer, und mit weniger Licht von der Sonne verblühen die letzten Blumen und werden zu neuem Saatgut. Beeren wachsen und die Tiere und Vögel genießen die reiche Ernte des Herbstes, während sie sich auf die kalte Jahreszeit vorbereiten und auf den Mangel an Futter, der dann herrscht. Schließlich wird das Wetter eisig, die Pflanzen sterben ab und die mageren Tage des Winters brechen an. Alles ist still, wenn Pflanzen und Tiere sich vor der Kälte verstecken. Es sind dunkle Tage – bis plötzlich das Eis schmilzt, die Sonne scheint und die Blumen wieder blühen. Ein ganzes Jahr ist vergangen und es ist erneut Frühling! Das Jahr hat seinen Kreis vollendet, und jede Jahreszeit kehrt wieder, wieder und wieder, mit ihren ganz eigenen, einzigartigen und wunderbaren Dingen, die es da zu sehen gibt. Dieses Buch hilft dir, all diese Dinge zu erkennen und die Wunderwelt zu entdecken, die vor deiner Haustür beginnt.

Willkommen im **Frühling**

Nach dem langen, kalten Winter regt sich endlich wieder die Natur! Mit jedem Tag wird es wärmer und die Tage werden etwas heller und länger. Knospen öffnen sich, Pflanzentriebe sprießen und die ersten Blumen entfalten ihre Blüten. Der Boden wird wärmer und die Blumenzwiebeln treiben aus. Auch die neu gesäten Samen beginnen zu keimen und zu wachsen.

Der Frühling ist die Jahreszeit des Neubeginns. Lämmer kommen zur Welt und springen vergnügt über die Wiesen, Kaninchen verlassen ihre Baue und viele Vögel kehren aus ihrem Winterquartier zurück: Sie beginnen ihre Nester zu bauen und singen bei der Arbeit. Die Welt erwacht! Halte für einen Moment inne und schau dich um.

Die Welt erwacht

Der Garten ist im Frühling, wenn – endlich – alles wieder wächst und blüht, ein wunderbarer Ort. An wärmeren Tagen können wir rausgehen und alles erforschen: Riech den süßen Duft der blühenden Sträucher und Bäume, schau unter den Steinen nach Tausendfüßlern, Würmern und Asseln und beobachte, wie die ersten Bienen um die Blumen summen. Wenn du früh am Morgen erwachst, dann bleib still liegen. Schließ deine Augen und hör den Vögeln zu: Im Garten kann es im Frühling ganz schön laut werden!

Der Morgengesang der Singvögel ist im Frühling am lautesten, wenn viele Vögel versuchen, mit ihrem Gesang einen Partner anzulocken.

Kannst du hören, wie die Vögel singen, um den Sonnenaufgang zu begrüßen? Tag für Tag wiederholen sie ihren Morgengesang in der gleichen Reihenfolge, die auch Vogeluhr genannt wird.

Zwitscher zwitscher! Zwitscher zwitscher!

Vögel singen bei Sonnenaufgang, um ihr Territorium abzustecken und andere Vögel wissen zu lassen, wo sie sind.

Der Chor wird lauter und lauter, wenn immer mehr Vögel mit ihrem Zwitschern, Pfeifen und Tirilieren in das Lied einstimmen.

Vögel paaren sich im Frühling, wenn es warm ist und es viel Futter für ihre Küken gibt.

Zwitscher zwitscher! Zwitscher zwitscher!

Tag für Tag singen die immer gleichen Vögel in einer bestimmten Reihenfolge. Rotkehlchen, Amseln und Drosseln gehören zu den ersten Sängern.

Für die Vögel ist die Morgendämmerung durch das schwache Licht eine schlechte Zeit, um Nahrung zu suchen – aber eine gute Zeit, um viel Lärm zu machen, ohne dass Feinde sie erwischen!

11

Salattage

Frühling ist im Gemüsegarten die geschäftigste Zeit: Samen werden ausgesät. Die ersten Gemüsesorten reifen und können geerntet werden. Der Boden ist nun wärmer. Jetzt hat er die perfekte Temperatur, damit die Samen austreiben können. Wenn die Erde erwacht, wächst auch das Unkraut wieder und muss entfernt werden. Der Boden wird geharkt und gewässert, dann ist er bereit für die neuen Samen.

Die schlanken grünen Spargelstangen schießen aus dem Boden und warten darauf, abgeschnitten und genussvoll verspeist zu werden.

Kartoffeln werden jetzt gepflanzt. Sie werden tief in die Erde eingegraben und ihre kleinen knubbeligen Keime sind bereit zu wachsen.

Zieh die langen rosa Rhabarberstangen heraus und schneide ihre Blätter ab. Schon sind sie bereit, in einen leckeren Kuchen oder in eine Nachspeise zu wandern.

Zeit, die Samen auszusäen! Grab ein Loch oder zieh mit deinem Finger eine Rille und streue sie hinein. Dann gib ihnen etwas Wasser und warte, bis neues Grün sprießt.

Unkraut wächst schnell und produziert sehr schnell neue Samen. Zieh es heraus, ehe es die anderen Pflanzen überwuchert und vom Wachsen abhält. Achte auf Würmer, die sich durch den Boden wühlen!

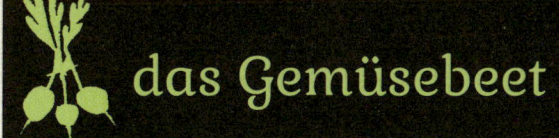

Bienen summen um die weißen Blüten der
Erdbeerpflanzen, trinken ihren Nektar und bestäuben
sie beim Wegfliegen. Achte auf die gelbe Mitte jeder
Blüte. Schon bald werden die Blütenblätter abfallen
und was übrig bleibt, schwillt an und errötet zu
prallen, saftigen Erdbeeren.

Die ersten frischen Salatblätter sind
bald bereit, gepflückt und in einem
Frühlingssalat verspeist zu werden.

Schnecken mit und ohne Haus lieben den Frühling –
da gibt es viele frische, junge Blätter für sie zu
knabbern. Folge ihren schleimigen, glitzernden Spuren
oder suche nach Löchern in den Blättern;
sie werden nicht weit weg sein!

Zieh an den buschigen Blättern
der Radieschen und finde die roten
und weißen Kugeln darunter.

Siehst du die langen, dünnen Blätter,
die wie perfekte grüne Röhren aussehen?
Frühlingszwiebeln wachsen direkt unter der Erde.

Unter feinen, fedrigen Blättern
stecken leuchtend orange
Möhren im Erdreich.

Manche Baumblüten sind so winzig, dass sie im Gelb und Grün der Bäume kaum zu sehen sind. Aber die flauschigen Weidenkätzchen sind einfach zu entdecken. In goldgelben Büscheln hängen sie an den noch kahlen braunen Zweigen.

Halte auf dem Waldboden Ausschau nach Farbtupfern unter den braunen Blättern: Leuchtend blaue Glockenblumen, weiße Buschwindröschen und violette Veilchen kommen zur Blüte.

Die Vögel sind fleißig und sammeln Zweige, Moos und Blätter für ihre Nester. Wenn sie damit fertig sind, setzen sie sich hinein und warten, bis ihre Eier ausgebrütet sind.

Frühlingslieder

In den Wäldern wird es im Frühling laut! Vögel kommen aus ihren Winterquartieren in fernen Ländern zurück, finden Partner und bauen Nester, bis alles bereit ist zum Eierlegen und für die Ankunft der frisch geschlüpften Küken. Die Bäume erwachen aus ihrem langen Winterschlaf. Waldblumen machen das Beste aus der Frühjahrssonne, die durch die noch fast kahlen Bäume fällt: Sie breiten sich aus und entfalten ihre Blüten.

Die neuen Blätter der Farne entfalten sich und werden zu einer Spirale weichen grünen Wachstums.

Der Wald ist voller Geräusche – Spechte hämmern an Bäume, Kuckucke rufen und Kriechtiere flitzen von Baumstamm zu Baumstamm.

Und jetzt! Die hübschen, festen Knospen platzen auf und entfalten frische Blätter; ihr heller neuer Wuchs reckt sich zum Licht und wirft Schatten auf dem Boden.

Bleib stehen, um zu schnuppern. Bärlauch erfüllt den Wald mit seinem bitteren, knoblauchartigen Duft.

Schau dir den Waldboden genau an. Durch die Blätter drängen winzige Baumkeimlinge ans Licht: junge Bäume, die an der Stelle wachsen, wo vor Monaten Samen hingefallen sind.

Neues Leben

Wenn der Winter vorbei ist und es wieder wärmer wird, öffnet der Bauer seine Stalltore weit und lässt die Tiere hinaus auf die Felder. Alle Kühe, Schweine, Ziegen und Schafe flitzen nach draußen und freuen sich, in der Frühlingssonne zu sein.

Die Tage werden länger und die Sonne geht früher auf. Der Hahn feiert jeden Morgen den Tagesanbruch mit einem fröhlichen „Kikeriki" in der Morgendämmerung, während die Hennen nach ihrer Winterpause nun wieder fleißig Eier legen. Für den Bauern kann der Frühling eine anstrengende Zeit sein: Viele Tiere werden jetzt geboren – oft geschieht dies mitten in der Nacht.

Schon wenige Minuten nach der Geburt können Kälbchen auf ihren Beinen stehen. Aber sie brauchen noch viel Pflege durch ihre Mutter, bis sie kräftig genug sind, um sicher gehen und rennen zu können.

Die meisten Ferkel werden im Frühling geboren. Sie bleiben nah bei ihren Müttern, bis sie so weit sind, dass sie nach draußen gehen können. Ein Wurf kann aus bis zu zwölf kleinen Ferkeln bestehen.

Nach einem Winter im Stall werden die Kühe schließlich auf die Weide gelassen. Schau ihnen zu, wie sie im Sonnenschein frei laufen und springen, wenn sie losziehen, um das beste Gras zum Fressen zu finden.

Hasen sind ein Anzeichen, dass der Frühling wirklich da ist! Schau, ob du in den Hecken Büschel aus Fell entdeckst. Und vielleicht, mit viel Glück, kannst du beobachten, wie die männlichen und weiblichen Hasen boxen.

Gepflügte Felder

Das Land wird im Frühling wieder lebendig, Bäume und Hecken zeigen sich mit einem frischen, hellen Grün. Das im Herbst ausgesäte Saatgut beginnt zu keimen und zu wachsen. Der Bauer ist auf den kahlen Feldern mit Traktor und Pflug unterwegs, um neue Samen auszusäen. Später im Frühling, wenn der Raps zu blühen beginnt, werden die Felder goldgelb leuchten. Während die Hecken sich wieder mit grünen Blättern und Blüten füllen, flattern und huschen Vögel, Bienen und Mäuse von Feld zu Feld.

Die leuchtend gelben Felder, die das Land überziehen, sind mit Raps bepflanzt, einer Pflanze, die zur gleichen Familie wie die Kohlpflanzen gehört. Aus Raps wird Öl gewonnen, das wir zum Kochen benutzen. Auch Biokraftstoffe werden aus Raps hergestellt.

Zwischen den Feldern bilden die Hecken ein struppiges Dickicht aus Bäumen, Büschen und dornigen Zweigen. Mit Beginn des Frühlings erscheinen als Erstes die weißen Blüten des Schlehdorns.

Im Frühling arbeitet der Bauer viel mit seinem Traktor – er pflügt die Felder und zieht Furchen in den Boden, um neue Samen auszusäen.

Schau dir den Himmel an. Kannst du in den vorbeitreibenden Wolken irgendwelche Formen erkennen?

Im Frühling verwandeln sich die Felder von Braun zu Grün, wenn die jungen Pflanzen von Weizen, Mais und anderen Getreidesorten aus dem Boden drängen.

Wie laut die Vögel hinter dem Traktor krächzen, wenn der Pflug die Erde umgräbt! Ganz dicht folgen sie ihm, auf der Suche nach Würmern oder Samen zum Fressen.

Zum Ende des Frühlings öffnen sich die Blüten des Weißdorns. Er wird auch Hagedorn oder Mehldorn genannt. Die Bienen mögen seine weißen Blüten sehr.

Schönes Wetter für Enten

Der Teich ist im Frühling voller Leben. Molche und Wasserschnecken kommen nach dem Winter, den sie im Schlamm eingegraben verbracht haben, wieder zum Vorschein. Froschlaich, von den zurückkehrenden Fröschen im späten Winter gelegt, treibt in glitschigen Laichklumpen auf dem Wasser, und an den Pflanzen im Teich hängt Krötenlaich in langen Schnüren.

   Kröten nehmen es sehr genau, wo sie ihre Eier ablegen, und wandern oft den ganzen Weg zu dem Ort zurück, an dem sie geboren wurden, nur um sich zu paaren. Wenn du also eine Kröte die Straße überqueren siehst, hilf ihr hinüber, damit sie ankommt! Im Frühling fängt der Froschlaich an sich zu verändern: Den Eiern wachsen Schwänze und Beine, bis schließlich kleine Fröschlein daraus werden.

Schau dir die Schwäne aus der Nähe an:
In ihren Federn haben es sich kleine Schwanenküken
gemütlich gemacht, die eine Mitfahrgelegenheit auf
Mamas oder Papas Rücken nutzen.

In Ufernähe bieten die goldgelben Blüten der
Sumpfdotterblume und der Riesen-Ahornstab
Schutz für die ersten Frösche.

Flauschige Entenküken schlüpfen im Frühling
und gehen ins Wasser. Sie folgen ihrer Mutter
überallhin. Kannst du hören, wie sie schnattert,
dass sie in der Nähe bleiben sollen?

Die himmelblauen Blüten des Sumpf-
Vergissmeinnichts sind das perfekte
Versteck für kleine Amphibien wie Molche.

Nimm einen Beutel altbackenes Brot oder,
noch besser, Vogelfutter und beobachte, wie die
Enten schnatternd über den Teich in deine Richtung
kommen, auf der Suche nach einer Mahlzeit.

Blühende Bäume

Obstgärten sind im Frühling besonders hübsch, auf der Wiese sprießen die Gänseblümchen und Butterblumen und die Bäume sind voller rosa und weißer Blüten. Bienen und Schmetterlinge fliegen von einer Blüte zur anderen, sie trinken Nektar und bestäuben die Blüten, so dass sie später im Jahr zu Früchten wie Äpfeln, Kirschen, Birnen und Pflaumen heranwachsen. Wenn eine Brise weht, rieseln Blüten von den Bäumen und bedecken den Boden wie frisch gefallener Schnee.

Raupen fressen viel, sie verspeisen Blätter und werden schnell größer – bis der Tag kommt, an dem sie sich in einen Kokon einspinnen und dann zu einem wunderschönen Schmetterling oder Falter werden.

Nesseln sind mit kleinen Nesselhaaren bedeckt, die auf der Haut brennen. Für Schmetterlinge sind sie der ideale Ort, um Eier abzulegen, denn so sind die Raupen davor geschützt, dass sie gefressen werden.

Die vielen Einzelblüten des Fingerhuts öffnen sich eine nach der anderen von unten bis in die Spitze. Sie sind voller Nektar für die Bienen. Für den Menschen ist diese Pflanze giftig!

Bienen sind immer ein Zeichen, dass der Frühling da ist. Die Bienenkönigin, die Mutter aller Bienen in einem Bienenstock, ist als Erste zu sehen.

Obstbäume sind mit unzähligen weichen rosa und weißen Blüten bedeckt, die wie Konfetti zu Boden rieseln.

Große Ampferblätter wachsen häufig in Büscheln neben den juckenden Brennnesseln. Wenn du einer Nessel zu nah gekommen bist, reibe an einem Ampferblatt, das lindert deinen Schmerz.

Wenn du ganz leise bist, könntest du Kaninchen sehen, die im Gras sitzen und ihre Nasen kräuseln. Wenn sie dich kommen hören, hoppeln sie schnell davon!

23

Farbe tritt an die Stelle von Grau, wenn den Magnolien und Kirschbäumen wieder Blätter wachsen und ihre Blüten aufgehen.

An helleren Tagen kommen die Menschen nach draußen, sie waschen ihre Autos und polieren sie auf Hochglanz.

Sonnengelbe Narzissen entfalten ihre Blüten und erhellen den Tag.

Halte Ausschau nach Eichhörnchen, die Nahrung suchend von Baum zu Baum huschen; nach dem langen, kargen Winter sind sie hungrig.

Vögel lassen sich in ihren Nestern nieder. Alles ist bereit, dass sie ihre Eier legen und ihre neuen Küken kennenlernen.

Anders als viele andere Vögel haben Tauben oft ein Leben lang feste Partner. Kannst du hören, wie die Paare miteinander gurren?

Vögel trinken gern aus Pfützen, so machen sie aus jedem Regenguss das Beste und stillen ihren Durst.

Frühjahrsputz

Die Straße wird im Frühling ein anderer Ort. Bäume und Pflanzen werden grün und beginnen zu blühen, gleichzeitig sprießen die Blumenzwiebeln aus der Erde und öffnen ihre Blüten. Eichhörnchen und Vögel kommen wieder zum Vorschein und suchen nach Nahrung. Und die Menschen lassen ihre Wintermäntel zu Hause und freuen sich, das Leben wieder draußen zu genießen. Rasen werden gemäht, Autos gewaschen und Fenster geputzt.

25

Willkommen im **Sommer**

Die Tage sind lang, es ist warm und die Sonne scheint hell am Himmel. Alles ist voller Farben, wenn die Blumen aufblühen und die Feldfrüchte wachsen und reifen. Die Bauern sind fleißig – sie machen draußen mit ihren Traktoren Heu und scheren die Schafe, sie schneiden das lange, zottelige Fell, aus dem sich Wolle machen lässt. Gärten und Gemüsebeete ähneln nun Dschungeln: Alles wächst und wuchert. Vögel singen, Schmetterlinge flattern umher und Bienen erfüllen die Luft mit ihrem schläfrigen Summen. Picknickdecken mit Essen sind ausgebreitet, eine zarte Brise bewegt das Gras, und die Kinder machen Gänseblümchenketten, während die Sonne hoch am Himmel steht. Schnapp dir eine Kappe oder einen Sonnenhut und mach, dass du rauskommst!

Blütezeit im Garten

Der Sommergarten ist voller Farbe und Leben. Die Sonne scheint hell und warm vom Himmel, und die Luft ist erfüllt mit dem Duft der Blumen.

Pflanzen blühen in allen Schattierungen, von Rot und Pink über Orange und Gelb bis zu Blau. Schmetterlinge eilen von Blume zu Blume, um deren zuckersüße Flüssigkeit zu trinken, die Nektar heißt. Schließ deine Augen und höre dem Summen der Bienen zu, dem Singsang der Vögel und dem Brummen eines Rasenmähers in der Ferne.

Leuchtende Schmetterlinge flattern zwischen den Blüten umher. Mit ihrer langen Zunge, dem Saugrüssel, trinken sie in kleinen Schlückchen Blütennektar.

Die goldgelben Köpfe der Sonnenblumen folgen der Sonne, wenn sie über den Himmel wandert. Achte auf die Bienen, die sich in ihrer dunklen Mitte sammeln und den Nektar trinken.

Wusstest du, dass Amseln auf dem Rasen auf und ab hüpfen, um Würmer aus dem Boden aufzuscheuchen? Wenn sie welche entdecken, ziehen sie sie mit ihrem Schnabel heraus, um sie zu verspeisen.

Der Garten ist im Sommer, wenn alle Blumen, Sträucher und Kletterpflanzen aufblühen, voller prächtiger Farben und Düfte.

Wenn du kleine Erdhäufchen entdeckst, die sich wie winzige Vulkane aus dem Rasen erheben, setz dich hin und halte Ausschau nach kleinen Sandbienen, die hinein- und hinausfliegen. Unter der Erde sind ihre Nester voller emsiger, gelb-brauner Bienen.

Nicht alle schwarz-gelb gestreiften Insekten sind Wespen und Bienen – Schwebfliegen sehen fast genauso aus wie sie, haben aber keinen Stachel. Beobachte, wie sie leise zwischen den Blumen hin und her sausen.

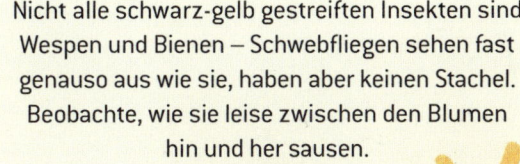

Das Brummen eines Rasenmähers ist ein Geräusch des Sommers; Gras wächst schnell und ein gepflegter Rasen will jede Woche gemäht sein.

Pflanzen nutzen Farben und Duftstoffe, um Bienen und Schmetterlinge anzuziehen. Zu den Lieblingspflanzen der Bienen zählt der Lavendel – zwischen seinen süß duftenden, mit Nektar prall gefüllten Blüten schwirren sie sehr gern herum.

Rubinrote Marienkäfer sind des Gärtners beste Freunde – sie lieben Blattläuse und können mehr als fünfzig von ihnen am Tag verspeisen!

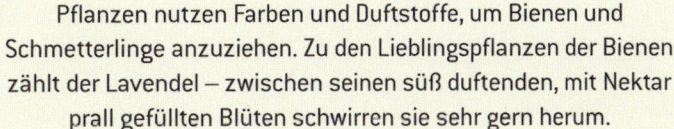

Reif zum Pflücken

Es ist eine glückliche und geschäftige Zeit im Gemüsegarten, wenn überall im warmen Sonnenschein die Früchte reifen und sie bald gepflückt und gegessen werden können.

Die Zeit der Fröste ist vorbei, wärmende Vliese und schützende Hauben können weggeräumt werden. Alles muss gewässert werden und es gibt Unkraut zu jäten – manchmal jeden Tag, damit dafür gesorgt ist, dass es zu den Mahlzeiten viel Obst und Gemüse gibt.

Alles wächst: Zucchini schwellen an, Bohnen und Erbsen füllen ihre Schoten, und saftige rote Erdbeeren und Tomaten lassen sich köstlicherweise direkt vom Strauch essen!

Zucchini wachsen und sind zum Verzehr bereit. Wusstest du, dass man auch ihre Blüten essen kann?

Nachdem die hübschen roten Blüten verblasst sind, zeigen sich dünne Stangenbohnen. Pflück sie immer ab, es wachsen wieder neue!

Die langen grünen Stängel der Tomaten nennt man Rispen. Lass die Früchte zu einem tiefen Rot heranreifen – dann steck eine in deinen Mund!

Stochere mit deinen Fingern in der Erde, bis du die festen oberen Enden der Möhren unter ihren fedrigen Blättern ertasten kannst. Ziehe vorsichtig an ihnen und schau, was du bekommst.

Erdbeeren gehören zu den besten Dingen am Sommer! Von der Sonne gewärmt, wachsen sie rot, süß und saftig heran.

Pflücke die knackigen grünen Salatblätter, erst kurz bevor du sie essen möchtest, indem du sacht mit Daumen und Finger an ihnen zupfst.

Ihre Blätter verraten dir, dass im Boden Kartoffeln wachsen. Wenn die Blätter absterben, sind die Kartoffeln reif.

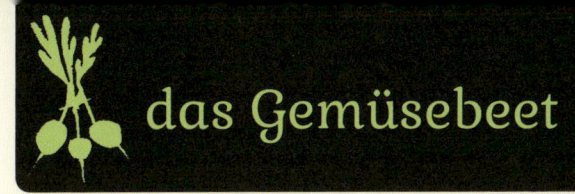

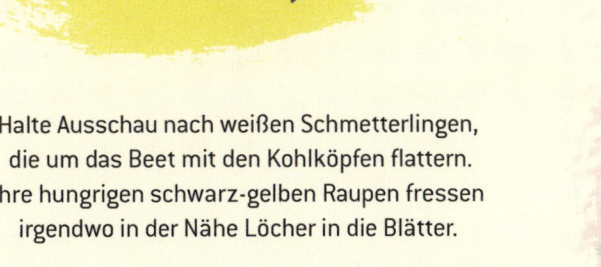

Saftige Johannisbeeren, Blaubeeren und Himbeeren hängen wie Perlen in den Sträuchern – bereit zum Pflücken, wenn sie dick und prall sind.

Halte Ausschau nach weißen Schmetterlingen, die um das Beet mit den Kohlköpfen flattern. Ihre hungrigen schwarz-gelben Raupen fressen irgendwo in der Nähe Löcher in die Blätter.

Schnecken verstecken sich im Sommer an dunklen, feuchten Stellen. Nachts und frühmorgens kommen sie hervor, um sich durch junge Blätter und Pflanzen zu mampfen.

Zupf alles Unkraut, das deinen Pflanzen wertvolle Nährstoffe und Wasser nimmt, aus der Erde und leg es auf den Komposthaufen.

Du kannst es sehen, wenn die Erbsen dick in ihren Schoten stecken und bereit zum Pflücken sind. Fahre mit deinem Daumen an der Schote entlang und drück die Erbsen raus – direkt in deinen Mund, um sie zu essen!

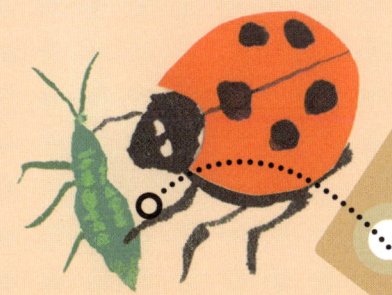

Blattläuse sind klitzekleine schwarze oder grüne Fliegen, die Pflanzen mampfen. Glücklicherweise fressen die wunderbaren Marienkäfer Blattläuse.

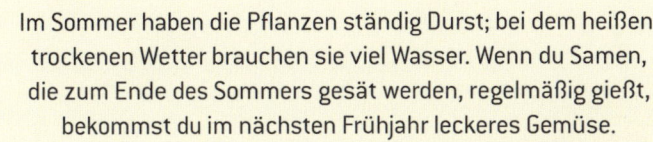

Im Sommer haben die Pflanzen ständig Durst; bei dem heißen, trockenen Wetter brauchen sie viel Wasser. Wenn du Samen, die zum Ende des Sommers gesät werden, regelmäßig gießt, bekommst du im nächsten Frühjahr leckeres Gemüse.

Vögel hüpfen von Ast zu Ast und rufen einander. Tschilpend und zwitschernd erfüllen sie den Wald mit ihrem Gesang.

Bleib stehen und lausche auf das sanfte Rauschen des Windes in den Blättern, wenn eine Brise durch den Wald weht und die Baumwipfel vor und zurück schwanken.

Süß duftendes Geißblatt windet sich durch die Zweige auf seinem Weg zum Licht.

Vielleicht kannst du auf Blättern kleine rosa oder gelbe Beulen und Klümpchen entdecken. Ein Insekt hat von ihnen gefressen und der Baum produziert diese Klümpchen, um sich zu schützen.

Die dornigen Zweige des Brombeerstrauchs sind mit Blüten bedeckt, die innerhalb weniger Wochen zu dunklen saftigen Früchten werden.

Wenn unter deinen Füßen ein Kiefernzapfen knirscht, heb ihn auf und schau ihn dir an. Hat an ihm ein Eichhörnchen oder eine Maus geknabbert?

Sei vorsichtig auf den Waldwegen! Heerscharen von Ameisen sind unterwegs – aber wo marschieren sie hin und wo sind sie gewesen?

Glänzende schwarze Käfer, Asseln und Hundertfüßler leben in Schlupfwinkeln und Ritzen unter gefällten Baumstämmen und in Laubhaufen. Hebe einige vorsichtig an und schau, was du finden kannst.

Waldspaziergänge

Der Wald ist im Sommer ein ruhiger, friedlicher Ort. Die Bäume sind voller Laub und werfen Schattenbilder auf den Waldboden. Zartes Vogelzwitschern dringt durch den kühlen Schatten. Schau dir an, wie die hellen Strahlen des Sonnenlichts durch die Blätter dringen, lausch dem Gesang der Vögel und dem Rauschen des Windes in den Bäumen, rieche die feuchtwarme Erde und halte leise Ausschau nach Tieren, die ihrer Wege gehen.

Wenn du im Wald bist, während die Sonne untergeht, schau nach oben – Fledermäuse stürzen sich auf Insekten, während Eulen regungslos sitzen und horchen, wo ihre Beute krabbelt.

Schon bald werden die Eier in den Nestern hoch oben aufbrechen und hungrige, piepsende Vogelbabys schlüpfen hinaus.

Rehe äsen leise Blätter und Gräser unter dem kühlen Baumkronendach. Mach keinen Mucks, sonst laufen sie weg.

Fast im Waldboden versteckt sind Tierbaue: Löcher im Boden bilden die Eingänge zu den Behausungen von Hasen, Dachsen oder Füchsen.

Die leuchtend rosa Blüten der Roten Lichtnelke treten an die Stelle der Glockenblumen und bedecken den Waldboden wie mit einem Teppich.

Halte Ausschau nach kleinen braunen Köteln am Boden, die von Füchsen, Hasen oder Rehen stammen könnten. Aber berühre sie nicht mit den Händen, stöbere lieber mit einem Stock nach ihnen!

Lange, heiße Tage

Bauernhoftiere verbringen die langen Sommertage sehr gern draußen im warmen, hellen Sonnenschein. Auf dem Hof picken die Hühner, Gänse kämpfen um das beste Futter, und die Felder sind voll mit grasenden Kühen, wolligen Schafen und Futter suchenden Schweinen. Mit viel Gras als Futter und reichlich Wasser vom Bauern haben sie alles, was sie brauchen.

Der Bauer steht früh am Morgen auf, bereit, sein Tagwerk zu vollbringen. Bis die Sonne schließlich hinter dem Horizont versinkt, arbeitet er und ist mit den Tieren beschäftigt.

Am Ende des Tages führt der Bauer die Kühe – mit milchschweren Eutern – zurück in den Stall zum Melken.

Den ganzen Tag picken die Hühner und Gänse am Boden und suchen nach Futter in Form von Samen, Körnern, Insekten und Würmern.

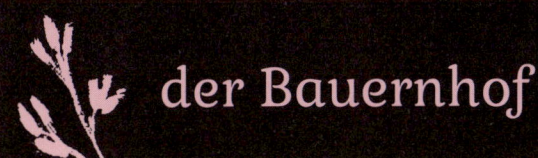

Schleiereulen jagen Mäuse, Spitzmäuse und Wühlmäuse in der Nacht. Wusstest du, dass sie eher krächzen als heulen?

Das Gras wächst im Sommer schnell. Zwischen die Halme schmiegen sich auch die runden flachen Blätter des Klees, einer Lieblingsblume der Bienen.

Im Sommer sind die Tage auf dem Bauernhof lang – auf die geschäftigen frühen Morgenstunden folgen geruhsame Nachmittage, die in warme, helle Abende übergehen, bis schließlich die Sonne untergeht.

Wegerich blüht mit seinen ährenförmigen Blütenständen auf der Wiese, um die Blütenkrone wachsen in einer hübschen Krause die auffälligen Staubfäden.

Schweine, die im Sommer draußen leben, suchen an sehr sonnigen Tagen Schatten, damit sie keinen Sonnenbrand bekommen.

Über den Hecken flattern schöne blaue Schmetterlinge; ihre Flügel funkeln wie Juwelen im Sonnenschein.

Wenn das Getreide geschnitten ist, liegt das zurückgebliebene Stroh zum Trocknen in der Sonne ausgebreitet und wird so zu Heu. Zu Ballen gebündelt wird es im Winter, wenn es kein frisches Gras zu fressen gibt, als Futter für die Tiere genutzt.

Ein Turmfalke – immer hungrig – ist bereit, hinabzustürzen und sich eine arglose Maus zu schnappen.

Das rhythmische Trillern und Zirpen stammt von der Feldlerche, die sich im Flug nach oben schraubt und dabei singt.

Winzige Zwergmäuse huschen durch das Feld und klettern, um an die Samen zu gelangen, an Gräsern und Getreidehalmen empor.

Bevor er über das Feld davonhüpft, singt der Feldgrashüpfer sein klickendes, zirpendes Lied, indem er seine Hinterbeine aneinanderreibt.

Die Hecken sind jetzt voller dichter Blätter; sie werden zu Tunneln, die den Tieren und Insekten helfen, unbeobachtet von Feld zu Feld zu streifen.

Am Rand der Felder blühen Wildblumen – roter Mohn, leuchtend blaue Kornblumen und riesige Margeriten.

Heumachen im Sonnenschein

Die warme Sommersonne hilft, dass das Getreide auf den Feldern des Bauern gut reift. Weizen, Mais, Gerste und Hafer werden gold und braun und sind zum Ende des Sommers bereit zur Ernte. Wenn sie reif sind, steigt der Bauer auf seinen Traktor und fährt auf den Feldern auf und ab, um die Ähren zu schneiden. Vögel schauen von oben zu, Schmetterlinge lassen sich faul am Feldrand treiben, und Insekten, Mäuse und Füchse verstecken sich in der schattigen Kühle der Hecken.

Das große Planschen

Der Teich ist im Sommer ein magischer Ort. Die Wasserpflanzen sind in vollem Grün, sie blühen und werden zu hilfreichen Verstecken für die sich entwickelnden kleinen Fröschlein, Kröten und Babymolche. Auf dem Wasser flitzen Insekten kreuz und quer über die Wasseroberfläche, während sich weiter unten die Wurzeln der Wasserpflanzen in den Schlamm graben, um Halt zu finden, und Schnecken, Wasserkäfer, kleine Fische und Libellenlarven vorbeiflitzen. An warmen Vormittagen verlassen diese Larven das Wasser, sie klettern eine Pflanze hoch, um ihre neuen Flügel in der Sonne zu trocknen, und dann schwirren sie los. Wenn du genau hinsiehst, findest du vielleicht die Larvenhüllen, die sie zurückgelassen haben.

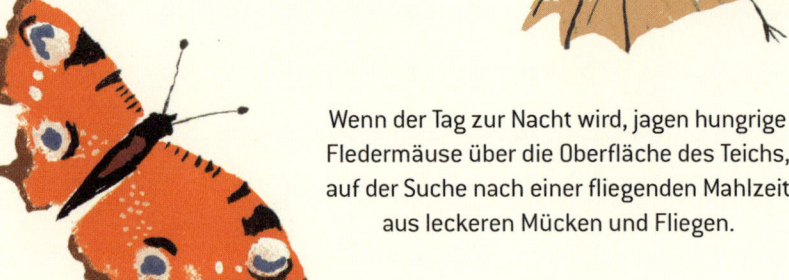

Wenn der Tag zur Nacht wird, jagen hungrige Fledermäuse über die Oberfläche des Teichs, auf der Suche nach einer fliegenden Mahlzeit aus leckeren Mücken und Fliegen.

Wasserläufer sausen über die Wasseroberfläche, direkt unter ihnen paddeln Ruderwanzen mit ihren langen Beinen anmutig im Teich herum.

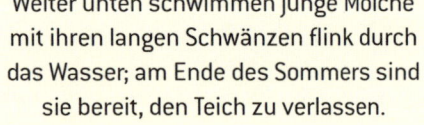

Weiter unten schwimmen junge Molche mit ihren langen Schwänzen flink durch das Wasser; am Ende des Sommers sind sie bereit, den Teich zu verlassen.

Wenn du ganz leise bist – und großes Glück hast –, entdeckst du vielleicht eine kaltblütige Ringelnatter, die sich in der Morgensonne aalt und sich etwas aufwärmt, ehe sie auf der Suche nach Futter davongleitet.

Winzige neue Frösche und Krötenbabys tauchen aus dem Wasser auf, sie unternehmen ihre ersten Hüpfer und Schritte und halten dabei Ausschau nach Würmern und Schnecken.

An kühleren, weniger sonnigen Tagen quaken die Frösche und Kröten ihr Lied, um einen Partner anzulocken.

Die runden, flachen Blätter und hübschen Blüten der Seerose treiben auf dem Wasser, während in der Nähe die schwertförmigen langen Blätter der Iris zum Himmel zeigen.

An stillen Sommertagen schwirren farbenfrohe Libellen über den Teich und sausen im Zickzack hin und her.

Ein langbeiniger Reiher steht in Ufernähe. Leise wartet er darauf, mit seinem dolchartig geformten Schnabel einen Fisch zu schnappen.

Dichte Büschel von flaumigen braunen Rohrkolben ragen hoch am Ufer des Teiches auf, ein perfekter Unterschlupf für Molche und Frösche.

Hast du einen leuchtend blau-orangen farbenen Blitz gesehen? Ein Eisvogel hat seinen Sitzplatz verlassen, um ins Wasser zu tauchen und sich einen Fisch zu schnappen.

Enten und Teichhühner nutzen ihre Schwimmfüße, um zügig durch den Schlamm zu watscheln und für ein erfrischendes Bad ins Wasser zu hüpfen.

39

Obstbeladene Äste

Der Obstgarten ist im Sommer ein traumhafter Ort. Wenn die letzten Blüten von den Bäumen fallen, beginnen die Früchte zu wachsen. Ihre Haut wird von Grün zu Gelb, zu Orange und Rot, und der Duft ihres süßen Parfüms beginnt die Luft zu erfüllen. Wespen und Bienen kommen, angelockt vom Geruch, und Vögel warten geduldig, immer bereit, nach den heranreifenden Früchten zu picken. Schwer beladen beugen sich die Zweige, Kaninchen hoppeln durch das lange Gras und die ersten reifen Früchte liegen verstreut am Boden.

Das zarte, einschläfernde Summen der Bienen und Wespen erfüllt die Luft; der Summton entsteht durch die Bewegung ihrer kleinen Flügel.

Äpfel auf der sonnigsten Seite des Baums reifen zuerst, ihre roten, gelben und grünen Schalen werden dunkler. Pflück die Birnen früh, wenn sie noch knackig sind, und lass sie zu Hause süß und weich heranreifen.

Kaninchen sind draußen und kräuseln ihre Nasen an warmen Tagen im hellen Licht. Wenn du sie verpasst hast: ihre runden braunen Kötel sind ein sicheres Zeichen, dass sie in der Nähe sind.

Der honigsüße Duft von reifen Früchten lockt summende Bienen und Wespen, die hoffen, etwas Süßes zu essen zu finden, in den Obstgarten.

Aromatische Kirschen hängen in rubinroten Bündeln am Baum wie Ohrringe. Pflück sie geschwind, ehe die Vögel alle aufgefressen haben!

Wenn Pflaumen anfangen vom Baum zu fallen, sind sie reif zum Ernten – sie sind dann prall und saftig und verströmen einen süßlich-schweren Duft.

Unter Hügeln frischer Erde gräbt ein Maulwurf seine Tunnel durch das Erdreich. Die Erde häuft sich hinter ihm; wenn du großes Glück hast, kannst du sehen, wie er sich beim Graben bewegt.

Weiche, flaumige Pfirsiche, glatte, runde Nektarinen und aromatische orange Aprikosen – alle reifen in der Wärme der Sonne und werden dadurch süß.

Freche Füchse ziehen von Mülltonne zu Mülltonne und durchstöbern sie nach essbaren Abfällen.

Aus Rissen in Gehwegen und Mauern wachsen pink blühender Sommerflieder und die großen rosa Blütenspitzen der Weidenröschen.

Wenn es dunkel wird und die Laternen angehen, schau nach oben zu den Silhouetten der flatternden Motten, die von ihrem hellen Schein angelockt werden.

Kinder kurven auf Fahrrädern hin und her, sie genießen die Sonne und erfüllen die Straße mit den Geräuschen ihres glücklichen Spiels.

Blumenkörbe, die an Laternenmasten und Eingängen hängen, bringen die Farbenpracht hoch hinauf.

Wenn du die Straße entlanggehst, sind die Bäume voller Blätter und Sommerblüten, die den Himmel über deinem Kopf mit Blumen füllen.

Leben auf der Straße

Die Straße ist im Sommer voller Geräusche, Betriebsamkeit und Leben. Kinder rennen und fahren Rad, Menschen sind draußen in ihren Gärten, und die Bürgersteige sind voller Leute, die ihr Auto stehen gelassen haben.

Die Bäume tragen tragen ein kühlendes Blätterdach und Blüten, die Gärten, Blumenkästen und Pflanzkörbe sind voller Farbe. In den Blumen summen die Schmetterlinge und Bienen, und wenn der Tag zur Nacht wird, schwirren Motten um die Laternen und Füchse schnüffeln nach Futter für ihre Kleinen.

Ligusterhecken zwischen den Gärten und zur Straßenseite stehen in voller Blüte; atme den süßen, schweren Duft ihrer cremeweißen Blüten ein.

Willkommen im Herbst

Der Herbst zeigt seine ganze Farbenpracht, wenn sich die Blätter an den Bäumen färben und die Sonne tief am Himmel steht. Im Lauf der Wochen werden die Tage kürzer und es wird kühl, wenn die Sonne am Ende des Tages untergeht. Laub türmt sich zu Haufen auf, die Bäume werden kahl, und wenn die eisigen Fröste kommen, ziehen die Vögel nach Süden. Frühe Herbstnebel wabern über die Felder, während der Bauer das Land pflügt und der Rauch der Feuer in der Luft liegt. Es wird Zeit, Schal und Handschuhe wieder herauszuholen und durch die raschelnden Blätter zu laufen. Geh für Entdeckungen tief in die Hocke und schau durch die kahlen Äste der Bäume hoch nach oben.

Nach Süden zur Sonne fliegen

Der Garten wird im Herbst still. Vögel ziehen fort und fliegen in warme Länder, um der Kälte zu entgehen. Insekten, Schmetterlinge und kleine Tiere suchen Schutz vor dem rauen Wetter und die Blätter an den Bäumen werden orange, gelb und rot, ehe sie zu Boden fallen und den Blick auf neue Formen und Silhouetten freigeben. Die meisten Blumen verblühen, doch ein paar spät blühende Pflanzen bringen Tupfer von willkommener Farbe. An den Büschen wachsen leuchtende Beeren. Mit den aufragenden Bäumen und Fruchtständen kommt ein warmer Braunton hinzu.

Verblühende Rosen werden zu leuchtend roten Hagebutten – zu groß, um von kleineren Vögeln gefressen zu werden, aber ein leckerer Imbiss für Amseln und Drosseln.

Lärmende Elstern schackern in den Bäumen, hüpfen von Ast zu Ast und warten darauf, dass sie etwas Spannendes entdecken.

Während die goldgelben Blütenblätter der Sonnenblume braun werden und zu Boden fallen, reifen die Samen in ihrer Mitte zu einem dunklen Braun und sind bereit, von hungrigen Vögeln herausgepickt und gefressen zu werden.

Der Holunder ist beladen mit Bündeln von rot-schwarzen Beeren, die von vorbeikommenden Vögeln leicht erkannt werden und eine saftige Herbstmahlzeit für Mäuse und Eichhörnchen sind.

Viele Pflanzen sterben ab und schlafen unter der Erde bis zum Frühling. Die Fruchtstände, die sie zurücklassen, sind voller leckerer Samen für die Vögel und Mäuse und bilden ein behagliches Heim für Marienkäfer.

Wenn die Nächte kälter werden, fliegen wandernde Schmetterlinge los, um Sonne zu suchen. Diejenigen, die hierbleiben, bereiten sich auf das Überwintern vor.

Die Vögel sind in Bewegung, sie sammeln sich in Scharen und bereiten sich vor, nach Süden zu fliegen. Plötzlich schwingen sie sich in den Himmel auf und sind fort.

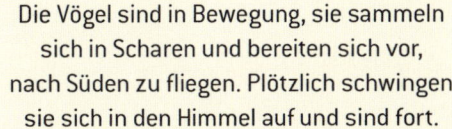

Becherförmige Blüten der Herbstzeitlosen tauchen im Gras zwischen den Bäumen auf und verleihen ihm ein rosiges Leuchten.

Suche morgens als Erstes nach Spinnennetzen, die zwischen Zweigen hängen. Glitzern an ihnen die Tropfen des Morgentaus wie Diamanten oder sind sie weiß vom Frost?

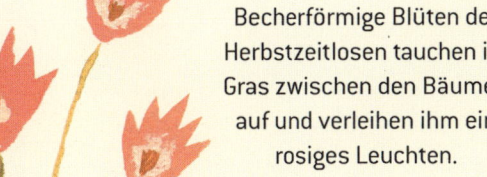

Die runden, an Bommel erinnernden Köpfe der Dahlien und Chrysanthemen blühen den ganzen Herbst hindurch in warmen Farbtönen wie Rot, Violett, Gelb und Rosa.

Gehe auf dem Rasen in die Hocke und schaue nach Wurmspuren: kleine Häufchen von seidig-braunem Dreck, die ein Wurm zurückgelassen hat.

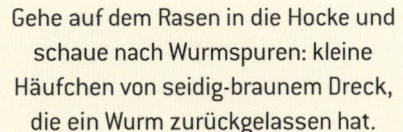

Gräser stehen im Herbst in voller Blüte, flauschige gelbe und rote Büschel bekrönen ihre langen Halme.

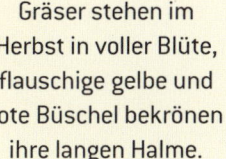

Spät blühende Pflanzen

Die ersten Herbstfröste signalisieren für viele Feldfrüchte das Ende der Ernte. Tomaten werden gesammelt, Chilis gepflückt und getrocknet und die letzten Kartoffeln aus der Erde geholt. Kürbisse bleiben noch liegen, damit sie bis Halloween leuchtend orange heranwachsen, und die kahle Erde wird umgegraben und den harten Winterfrösten überlassen.

Ernte Himbeeren, indem du sanft an den prallen Früchten ziehst, wenn sie leuchtend pink und pflückreif sind.

Glänzend schwarze Auberginen hängen an ihren stacheligen Stängeln. Pflück sie schnell, ehe sie matt und bitter werden.

Grabe im Boden nach den letzten Kartoffeln, buddele sie mit den Händen frei und hole sie heraus, rund und lehmig von der Erde.

Riesige orangefarbene Kürbisse ducken sich unter ihre rankenden Stämme und Blätter in den Beeten und warten darauf, dass ihnen grinsende Halloweengesichter geschnitzt werden.

Feurig-scharfe Chilis und süße Paprikaschoten glänzen in der spätherbstlichen Sonne und färben sich allmählich von Grün zu Rot.

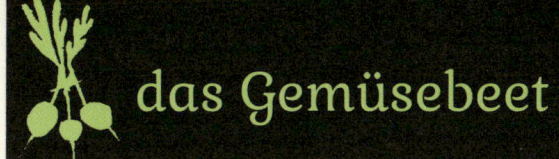

Sammle die Samen deiner Lieblingspflanzen – etwa von Tomaten, Bohnen und Kürbissen –, trockne sie und bewahre sie auf, um sie im nächsten Jahr auszusäen.

Zieh die Zwiebeln aus dem Boden, wenn ihre langen Blätter gelb werden, und hänge sie zum Trocknen in der Sonne auf.

Wenn alles geerntet ist, hole die Pflanzenreste aus der Erde und streue dunklen, krümeligen Kompost über die nackte Erde, als Nahrung für die Pflanzen des kommenden Jahres.

WURZELN

Fülle die überschüssigen Möhren und Kartoffeln in große braune Säcke und verstaue sie im Schuppen, wo sie gelagert werden – und bereit sind, gegessen zu werden, wenn du sie im Verlauf des Winters brauchst.

Glasglocken schützen wie kleine Gewächshäuser zarte junge Pflanzen vor dem eisig kalten Frost.

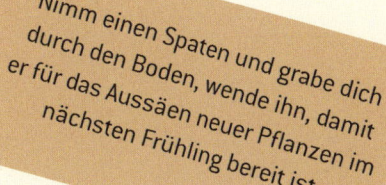

Nimm einen Spaten und grabe dich durch den Boden, wende ihn, damit er für das Aussäen neuer Pflanzen im nächsten Frühling bereit ist.

Fallende Blätter

In den Wäldern beginnt eine magische Zeit! Die Bäume sind voller Farben, wenn die Blätter sich von Grün zu den glühenden Tönen des Herbstes färben. Wenn sie zu Boden fallen oder im Wind fortwehen, lassen sie die Bäume als kahle Statuen zurück. Der Blätterteppich auf dem Waldboden raschelt, wenn du läufst, und Eichhörnchen flitzen auf der Suche nach Nüssen für ihren Wintervorrat über die Zweige … Daumen drücken, dass sie sich erinnern, wo sie sie versteckt haben!

Wenn das Wetter feuchter wird, wachsen essbare und giftige Pilze in Gelb, Braun und sogar Rot über Nacht. Sie stehen häufig am Fuß der Bäume und kuscheln sich unter die hinabgefallenen Blätter.

Schuppige Kiefernzapfen, die ihre Samen sicher in ihrem Inneren versteckt halten, und grüne Kiefernnadeln bedecken, vom Wind herbeigeweht oder von Ästen abgefallen, den Waldboden.

Fang die fallenden Blätter auf und sammle eins in jeder Farbe – in Grün, Rot, Gelb, Violett und Braun.

Wenn das Wetter kälter wird, kuscheln sich winzige Mäuse in gemütlichen Nestern zusammen. Um sich warm zu halten, schlafen sie in Gruppen.

Eicheln in ihren Fruchtbechern, dunkle, stachelige Bucheckern und glänzende Kastanien fallen auf den Boden. Werden aus ihnen im nächsten Frühling Bäume wachsen?

Wenn du durch die Blätter streifst und sie aufwirbelst, halte Ausschau nach zerbrechlichen Blattgerippen. Die weicheren Teile des Blattes sind verschwunden, nur die Blattadern sind übrig geblieben – das Skelett des Blattes.

Blätter in jeder Form und Farbe bedecken den Boden wie ein Teppich, sie bilden Laubhaufen und werden vom Wind davongeweht. Hör, wie sie rascheln und knistern, wenn du durch ein Meer aus Blättern watest.

Erntefest

Die Anbausaison ist fast zu Ende und nach dem ganzen Säen und Pflanzen und Wachsen und Bewässern kann die Ernte eingeholt werden! Knackige, reife Gemüse und süße, saftige Früchte werden gepflückt und gewaschen, und die allerbesten werden auf dem Erntefest gezeigt. Der Geruch von reifen Früchten erfüllt die Luft, wenn Tische mit Körben, Kisten und Tellern voller Produkte beladen werden, mit farbenfrohen Marmeladengläsern und eingelegtem Gemüse, mit frisch gebackenen Kuchen, Keksen und Brot – das leckere Essen, das in diesem Jahr gewachsen ist, wird mit einem Fest gefeiert!

Die bunten Dreiecke der fröhlichen Wimpelketten spannen sich von einem Ende zum anderen, Strohballen stehen Spalier und Tische ächzen unter dem Gewicht der Ernte.

Jeden Herbst wird die Ernte auf dem Land mit Bauernmärkten, Erntedankfesten und Ausstellungen der Produkte gefeiert.

BAUERN-MARKT

Knackige Äpfel werden zum Essen und Backen gepflückt und in Körben und Kisten für den Winter gelagert.

Tomaten

Wasch und schneide, blanchiere und koche, um Gemüse einzulegen und Marmeladen zu machen. Füll Einmachgläser mit dem Geschmack des Sommers und genieße ihn in den dunklen Jahreszeiten!

Welches ist die süßeste Himbeere, die knackigste Möhre, die längste Bohne, die saftigste Tomate? Welche schneidet im Vergleich am besten ab?

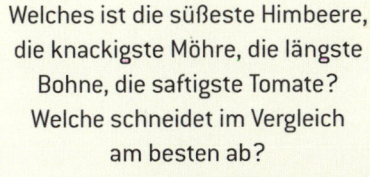

Winterlager aufschlagen

Wenn der Herbst Einzug hält, ist der Bauer auf den Feldern und nutzt die weniger werdenden Tageslichtstunden bestmöglich aus. Der Traktor pflügt durch die Erde, Schlamm spritzt von seinen Reifen, wenn er den Boden für die neuen Weizenpflanzen vorbereitet. Die Hecken zeigen sich ein letztes Mal in prächtigen Farben, wenn sie sich mit Beeren füllen. Später werden sie ihre Blätter verlieren und die Mäuse, Spitzmäuse und Eichhörnchen bauen sich warme Nester, um sich darin für den Winter niederzulassen.

Schmetterlinge sparen Energie, indem sie ihre Flügel schließen. Sie überwintern in Baumhöhlen, Steinmauern und Bauernhof-Gebäuden, wo sie vor den Unbilden des Wetters sicher geschützt sind.

Die Hecke ist voller leuchtender, saftiger Beeren – leckere Mahlzeiten für die Vögel. Wenn der Boden zu hart gefroren ist, um nach Würmern zu picken, sind sie eine wertvolle Vitamin- und Energiequelle.

Wenn über den Feldern die Sonne aufgeht, kriecht rauchig-grauer Nebel durch die Bäume und Hecken heran und bleibt direkt über dem Boden hängen.

Der Bauer pflügt die Felder mit dem Traktor, er gräbt sich durch die Erde, wendet sie und lässt ordentliche braune Reihen mit frischer, dunkler Erde zurück, in die wieder gesät werden kann.

Wenn das Futter knapp wird, bereiten sich Mäuse auf das Überwintern vor. Sie ruhen an kälteren Tagen in Nestern aus Blättern, Gräsern und Zweigen, um den Winter zu überleben.

Stille Wasser

Blätter landen auf der Wasseroberfläche des Teiches und treiben auf ihr, bis sie allmählich im Wasser versinken. Die Wasseroberfläche ist ganz ruhig, denn die Insekten, die hier im Sommer so emsig waren, sind davongeflogen, um nach sicheren Orten zum Überwintern zu suchen. Frösche und Lurche schwimmen, ehe das Wasser friert, zum schlammigen Grund. Kröten krabbeln heraus und suchen sich einen sicheren, trockenen Platz, an dem sie sich vor der Kälte verstecken können. Teichpflanzen sterben zum Winter hin ab und das einst klare Wasser wird zu einem tintigen Schwarz.

Enten, Gänse und Schwäne sammeln sich in Scharen und bereiten sich darauf vor, für den Winter in wärmere Gebiete zu fliegen.

Wenn die Temperaturen fallen, schwimmen Frösche zum Grund des Teichs, um sich im Schlamm einzugraben und dort zu schlafen, während Kröten davonhuschen, um ihre neuen Winterquartiere zu finden.

Die Teichblumen verwelken und Fruchtstände beginnen sich zu formen – Nahrung für vorbeikommende Vögel und das perfekte Winterversteck für Kröten.

Die Oberfläche des Teichs ist mit den heruntergefallenen Blättern der nah gelegenen Bäume übersät. Teichpflanzen werden braun und sterben zum Winter hin ab.

Ehe es zu kalt wird, schlüpfen die letzten Insektenlarven und verlassen den Teich, um auf der Suche nach Nahrung und Unterschlupf von dannen zu ziehen.

Frösche und Kröten jagen nach Schnecken, Spinnen und Insekten. Sie fressen sich vor dem Winter eine Speckschicht an und lassen ihre klebrigen Zungen hervorschnellen, um ihre Beute zu fangen.

Gefallene Früchte

Die Luft ist erfüllt vom Geruch überreifer Früchte und dem Summen gieriger Wespen. Herbstwinde blasen die letzten Äpfel, Birnen und Pflaumen von den Bäumen und lassen sie zu Boden plumpsen, bis der ganze Obstgarten mit Früchten übersät ist. Vögel knabbern an ihnen, Wespen summen und kleine Tiere suchen nach Futter, das ihnen durch den Winter hilft – für sie sind die gefallenen Früchte ein Fest, ehe die Fröste zuschlagen und die Nahrung knapp wird.

Amseln und Drosseln picken nach den vom Wind heruntergewehten Früchten, die am Boden verstreut liegen – das gibt ihnen viel Kraft für den Winter.

Blätter fliegen umher und fallen zu Boden und geben den Blick frei auf die kahlen, krummen Stämme und Konturen der Bäume.

Pilze und Giftpilze schieben ihre weißen, gelben und goldbraunen Kappen in Gruppen durch das Gras. Sammle sie nicht – sie sind nicht essbar.

Heruntergefallene Zweige und totes, vermoderndes Holz werden zum Zuhause für viele hübsche Käfer, die sich vom Obstgarten ernähren.

Wespen auf Nahrungssuche summen laut um die Früchte am Boden. Sie mögen die extrazuckrige Süße des verfaulenden Fruchtfleischs sehr.

Glänzende braune Haselnüsse und runzelige Walnüsse fallen von ihren Bäumen, reif und in ihren weichen grünen Hüllen bereit zur Ernte.

Wie kleine Hubschrauber flattern, drehen und schaukeln Samen zu Boden, während die Früchte der Esche in Bündeln noch in den Bäumen baumeln, ehe auch sie hinabfallen.

Ein rufender Schwarm Gänse fliegt in V-Form vorbei, sie sind auf dem Weg nach Süden, um den Winter an einem warmen Ort zu verbringen.

Stachelige grüne Kugeln mit glänzenden Kastanien in ihrem Inneren fallen auf den Boden und platzen auf.

Spiele ein Kastanien-Spiel! Hänge sie an Schnüre und schlage und schmettere sie, bis sie aufbrechen.

Blätter türmen sich zu Haufen auf dem Gehweg und wirbeln umher, wenn sich der Wind in ihnen fängt.

Efeu klettert mit seinen kleinen klebrigen Wurzeln die Wände und Zäune hoch; er ist voll mit späten Bienen und Schmetterlingen, die zu seinen gelblich grünen Blüten schwärmen.

Wenn das Tageslicht schwindet, leuchten die grinsenden Gesichter der Kürbislaternen in Fenstern und Hauseingängen.

Windgefegte Straßen

Die Straße verändert sich erneut. Herbstfarben sind überall, wenn die Sommerblumen verblühen und sich die Blätter der Bäume von Grün zu Rot, Gelb, Orange und Braun färben. Leuchtende Beeren und Hagebutten zeigen sich und Nüsse und Samen krachen auf den Gehweg, wenn du spazieren gehst. Schau durch die kahlen Äste nach oben und hör die fortziehenden Gänse rufen. Verfolge einen Wirbel aus Blättern, die der Wind die Straße hinabtreibt. Schnitze einen gruseligen Kürbis für Halloween und zünde eine Kerze an, wenn die Sonne untergeht.

Willkommen im ✳ Winter ✳

Die Tage sind kurz und die langen, frostkalten Nächte zeigen dir, dass der Winter endgültig da ist. Die Welt hat sich von Grün zu Grau verändert und es gibt im Garten wie auf den Feldern kaum Zeichen von Leben, da sich sowohl die Pflanzen als auch die Tiere vor der Kälte verstecken. Feuer werden entzündet, während der Frost draußen Bilder auf den Boden malt und Eiszapfen von den kahlen Zweigen der Bäume hängen.

Ein plötzliches Schneegestöber macht alles weiß, trudelnde Schneeflocken bedecken das Land mit einer winterlichen Decke. Pack dich gut gegen die Kälte ein und geh hinaus in den Frost und den Schnee – bau einen Schneemann, verfolge Fußspuren, suche nach Eiszapfen, wirf einen Schneeball und lass die Schneeflocken auf deiner Zunge schmelzen.

Winter-Wunderland

Alles ist still im Garten, wenn Winter ist. Das Gras ist morgens mit einer knirschenden weißen Frostschicht bedeckt, die Büsche und Bäume haben ihre Blätter verloren und sind zu mageren schwarzen Gerippen geworden. Die nackte braune Erde ist von den wenigen Pflanzen bedeckt, die ihre Blätter im Winter behalten, während tief unter der Erde andere Pflanzen auf den Frühling warten. Wintervögel kommen auf der Suche nach Nahrung vorbei, aber das Rotkehlchen passt auf und ist bereit, sie zu verjagen.

Hänge einen Nistkasten an einem Baum oder einer Wand für den Frühling auf; kleine Blaumeisen und Zaunkönige können ihn schon für ein winterliches Nickerchen nutzen.

Wenn bei Frost das Wasser gefriert, wird es für die Vögel schwierig, etwas zum Trinken zu finden. Fülle deine Vogeltränke jeden Tag frisch auf und lass einen Apfel im Wasser treiben, damit es nicht ganz zufrieren kann.

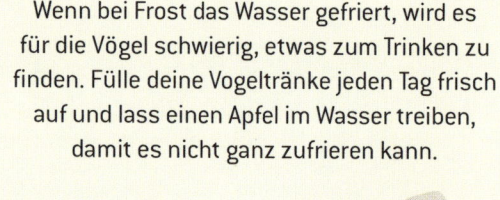

Ein rundliches Rotkehlchen kommt wie ein roter Blitz herbei; es hat sich gegen die Kälte aufgeplustert und sucht nach Nahrung. Wenn du in den Garten gehst, wird es dir folgen.

Die knorrigen Stämmchen des Heidekrauts werden zu rosa, weißen und pinkfarbenen Büscheln, die durch Kälte und Schnee hindurch blühen.

Such nach Ansammlungen von Marienkäfern — in den Ecken des Schuppens, am Zaun und aneinandergekuschelt auf Pflanzen und Samenkapseln.

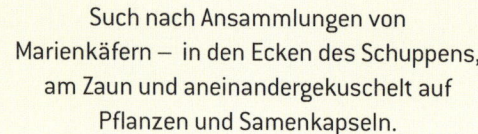

Vögel brauchen viel Kraft, um im Winter zu überleben. Häng Fettknödel auf und lege Samen, Käsestückchen, Obst und Brot für sie aus, damit sie gut durch den Winter kommen.

Manche Pflanzen behalten im Winter ihre Blätter. Diese immergrünen Büsche und Bäume prägen nun die Form und Farbe des Gartens.

Spinnweben hängen am Zaun und unter Zweigen. An jedem zarten Faden ist dicker Raureif.

An den Samenkapseln, die die Blumen zurückgelassen haben, glitzert der Raureif. Sie sind fedrig, stachelig oder ganz weich.

Die kahlen Zweige der Forsythien sind mit goldgelben Blüten bedeckt. Lang bevor die Blätter erscheinen, beginnen sie leuchtend zu blühen.

Geh raus, bevor es taut, und lauf über den gefrorenen Rasen. Dreh dich um und schau dir die knirschenden Fußabdrücke an, die du hinterlassen hast.

Pack dich warm ein, leg dich in den frisch gefallenen Schnee und mach Schnee-Engel – bewege dazu deine Arme und Beine auf und ab und auf und ab!

Wurzeln und Triebe

Im Gemüsegarten ist der Winter eine Zeit der Wurzeln und Blätter. Da sie süßer und aromatischer werden, wenn der Frost sie „geküsst" hat, warte mit der Ernte von Pastinaken, Lauch, Rüben und Kohl, bis es friert. Köstlich in wärmenden Suppen und Schmorgerichten sind sie das perfekte Essen an einem kalten Wintertag! Grab den Boden um, bereite ihn auf das neue Wachstum vor und warte ab – und träume währenddessen von den neuen Pflanzen, die da kommen werden …

Zelte aus weichem weißem Vlies-Gewebe bedecken die jungen Pflanzen, schützen sie vor der beißenden Kälte und halten sie bis zum Frühling warm.

Die langen hellen Wurzeln der Pastinaken wachsen direkt unter der Erdoberfläche und werden mit jedem Frost süßer.

In geraden grünen Reihen wächst Lauch und wartet darauf, wann immer du ihn brauchst, aus der Erde gezogen zu werden.

Halb im Boden, halb aus ihm herausragend wachsen Steckrüben. Wenn du an ihren blättrigen Spitzen ziehst, kommen die glatten, runden Rüben zum Vorschein.

Kohlköpfe liegen in hübschen grünen Kugeln neben Reihen mit weißem knubbeligem Blumenkohl, eingekuschelt in ihre blättrigen Betten.

Unter den Blättern wächst Rosenkohl, die Röschen sehen aus wie Miniatur-Kohlköpfe an hohen Stängeln – fertig für das Weihnachtsessen!

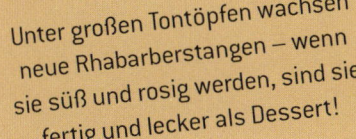
Unter großen Tontöpfen wachsen neue Rhabarberstangen – wenn sie süß und rosig werden, sind sie fertig und lecker als Dessert!

Holz ist hoch aufgestapelt für ein Feuer – aber warte! Suche vor dem Anzünden erst nach überwinternden Tieren, die vielleicht zwischen den Zweigen und Ästen schlafen.

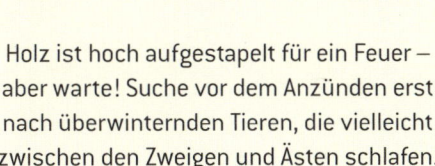
Vögel hüpfen hoffnungsvoll auf der harten braunen Erde und wünschen sich, dass ein Wurm auftaucht, den sie fressen können.

An sonnigen Tagen graben Gärtner die Erde mit dem Spaten um, sie lockern und wenden den Boden, damit er für das Pflanzen und Säen im Frühling vorbereitet ist.

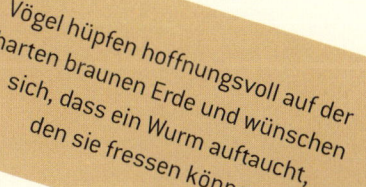
Der körnige, glitzernde Schnee auf dem Dach des Schuppens und auf dem Boden fängt die letzten Sonnenstrahlen des Tages ein.

Kahle Zweige

Wenn du durch den Wald gehst, ist das einzige Geräusch das deiner Schritte auf dem frostigen Boden. Die Bäume sind ohne Blätter und durch das Gewirr der Äste ist nun der graue Himmel zu sehen. Ein Vogel flitzt durch die Baumkronen, während unten am Boden das alte Laub verrottet und der Boden bei den fallenden Temperaturen allmählich hart friert. Es gibt kaum Zeichen von Leben, aber wenn du genau hinsiehst, kannst du hier und dort Fußspuren oder ein paar Kötel finden – Beweise, dass sich an helleren Tagen die Tiere regen.

Feste braune Knospen zeigen sich in Büscheln und Paaren an den Zweigen und warten darauf, sich im kommenden Frühling zu neuen Blättern zu entfalten.

Halte Ausschau nach den ersten Winterblumen – weißen Schneeglöckchen oder gelben Winterlingen –, die aus dem Schnee auftauchen.

Suche im Schnee nach Fußspuren von Tieren. Von wem sind sie? Sind sie gerannt, gehüpft oder gesprungen?

Suche den gefrorenen Boden nach Köteln ab, die sich braun vom weißen Boden abheben. Die vom Hasen sind klein und rund, die vom Reh sind spitz und glatt.

Das „Tock-Tock-Tock" eines Spechtes, der an einen Baumstamm hämmert, mischt sich mit dem Singsang der Wintervögel im Wald.

Kiefernzapfen, die geschuppten braunen Früchte der Kiefern, bedecken den Boden, bis sie von Eichhörnchen geschnappt und aufgeknabbert werden.

An den seltenen sonnigen Tagen werden die kahlen Bäume zu kräftigen Silhouetten – ihre hohen Stämme werfen lange Schatten auf die Erde.

Schau dir die Äste und Baumstämme an. Welche Farben findest du? Rot? Braun? Grau? Sind sie gestreift?

Spähe durch die kahlen Äste nach oben; die zarten Gebilde der Vogelnester sind nicht länger durch das Laub des Sommers getarnt und versteckt.

Der weiche, matschige Erdboden wird bei Frost hart und weiß und die Pfützen frieren zu – sie knacken unter deinen Füßen, wenn du über sie gehst.

Federnde, samtweiche Kissen aus grünem Moos bedecken die feuchten Stellen am Fuß der Bäume und altes Holz.

Wenn Schnee fällt, bedeckt er den Boden und die Äste mit einer weichen und warmen weißen Decke und schirmt sie gegen die Kälte ab.

Am Ende des Winters schaukeln die ersten gelben Kätzchen der Haselsträucher wie kleine Lämmerschwänze im Wind.

In den Stall

Der Bauer passt im Winter gut auf seine Tiere auf. Die Kühe bekommen ihr Lager in Ställen, die gemütlich mit Stroh ausgelegt sind, und die Hennen, die bei dem kalten Wetter draußen keine Eier mehr legen, sind nun in ihren Hühnerställen. Bis zum ersten Schnee weiden draußen auf den Feldern noch die Schafe; durch ihr dickes, flauschiges Fell sind sie gut gegen die Kälte geschützt.

Vergiss deine Gummistiefel nicht! Das regnerische Wetter und der Winterfrost haben den Hof in eine pitschnasse Schlammlandschaft verwandelt.

Bei jedem Wetter ist der Bauer draußen und fährt über die gefrorenen Felder, um sich zu vergewissern, dass seine Herden sicher sind.

Die Schafe kauen die Halme aus den Heuballen, die der Bauer für sie liegen gelassen hat.

Das zufriedene Muhen und Brummen der in den warmen, trockenen Ställen untergebrachten Kühe ist den ganzen Winter hindurch zu hören.

Das Heu und Stroh, das im Sommer gesammelt und zu Ballen gepresst wurde, dient den Rindern nun als Nahrung und bietet ihnen einen gemütlichen Schlafplatz im Stall.

Die Hühner haben viele dicke Federn, die ihnen helfen, warm zu bleiben. Im Hühnerhaus rücken sie auf Hühnerstangen eng zusammen und warten auf den Frühling. Dann können sie wieder draußen Eier legen.

Karges Land

Die ländlichen Gegenden sind im Winter eine kahle Landschaft aus brauner Erde, gelb-goldenen Stoppeln und kurzem, grünem Bewuchs. Die Hecken, deren letzte Blätter und Beeren verschwunden sind, ziehen sich als Dickicht kahler Zweige durch die Felder und prägen die Ansicht. Scharen kreischender Vögel folgen dem Traktor, wenn er durch die schlammigen Felder pflügt und die dunkle Erde düngt, während der Rauch von einem entfernten Kamin langsam über das Land zieht.

Die Felder, auf denen im Sommer das Heu geerntet wurde, sind den Winter über für die Feldlerchen ein stoppeliges Fest der Gräser und Samen.

Weil Mäuse und Spitzmäuse nun schwierig zu finden sind, sind hungrige Schleiereulen auch tagsüber bei der Jagd nach Nahrung zu sehen.

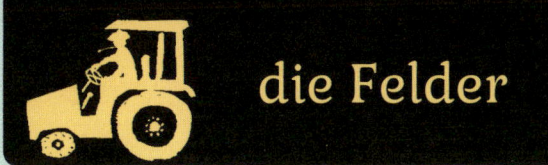

Hinter dem Traktor zieht der Bauer einen Anhänger mit Dung und Stroh von seinem Hof. Das Düngen nährt die Erde und bereitet sie auf die neuen Frühlingspflanzen vor.

Der Bauer wartet bis zum späten Winter und schneidet die Hecken erst, wenn all die Beeren und Nüsse verschwunden sind, sauber und ordentlich zurück.

Klettere auf einen Hügel und schau über die Felder – ein endloser Teppich breitet sich unter dir aus, in allen Schattierungen von Braun und Grün.

Die ersten jungen Blätter des Weizens, der im Herbst gesät wurde, tauchen aus der kalten braunen Erde auf und beginnen zu wachsen.

An ruhigen Tagen pflügt der Bauer die letzten Felder, glänzende Metallzähne wenden den reichen braunen Erdboden und pflügen die Stoppeln unter.

Gefrorene Gewässer

Der Teich wird im Winter, wenn die Temperatur unter den Gefrierpunkt fällt, zu Eis. Herabgefallene Blätter sinken auf den Grund und es gibt im stillen, dunklen Wasser keine Zeichen von Leben oder Bewegung. Die gefrorene Oberfläche wird eisblau und durstige Enten schlittern über sie, um an Land zu kommen. Die Pflanzen am Rand sind braun und steif vom Frost – und wenn du an einem sonnigen Tag Glück hast, rührt sich vielleicht ein Frosch, der nach Nahrung sucht.

Kröten graben sich in Blätter, Baumstämme und unter der Erde ein, wo sie sicher und trocken sind, bis die Temperaturen wieder steigen.

Während der kalten Wintermonate schlafen Frösche und Molche unten im Schlamm am Grund des Teiches; sie atmen durch ihre Haut.

Tief in einem Laubhaufen oder unter einem Stapel Baumstämme überwintert eine Ringelnatter – eingerollt wartet sie auf den Frühling.

Risse im Eis führen die Enten und Vögel zum Wasser; sie sammeln sich um die Wasserlöcher für ein eiskaltes Getränk.

Enten rutschen, schlittern und gleiten über den gefrorenen Teich und hinterlassen silbrige Wirbelmuster.

Ein Graureiher steht regungslos auf dem Eis, ehe er es vorsichtig auf seinen langen dünnen Beinen überquert und sich einen Fisch erhofft.

Unter dem Eis suchen die Fische am Boden des Teiches nach warmen Wasserstellen und verstecken sich dort.

Steif vom Frost stehen lange, große Binsen am Teichufer und glitzern in der Wintersonne.

Schau, wie die Enten zu dir eilen, wie sie um die Wette rennen, um als Erste bei dir zu sein, wenn du ihnen Brotstückchen und Samen zuwirfst.

Vom Schnee bedeckt

Die Bäume im Obstgarten sind jetzt kahl. Ihre Blätter, Früchte und Blüten sind schon lange fort. An ihrer Stelle werden dicke kleine Knospen sichtbar, mit neuen Blättern und Blüten, die auf den Frühling warten. Büschel immergrüner Mistelzweige zeigen sich und Flechten sprenkeln mit hellen Flecken die leeren braunen Zweige. Ein Kaninchen taucht auf, es hat seinen warmen Bau verlassen, um im kurzen Gras nach Futter zu suchen. Schnee fällt und der Wind heult, aber die Bäume stehen fest und heben sich dunkel vom Schnee ab, jeder eine schwarze Silhouette.

Grüne Mistelzweige mit perlenartigen Beeren hängen in Büscheln an den kahlen Ästen der Apfelbäume.

Misteln wachsen, weil ihre Beeren von den Vögeln gefressen werden. Die Samen, die sie fallen lassen, bleiben an den Zweigen der Bäume kleben – die Mistel beginnt zu wachsen.

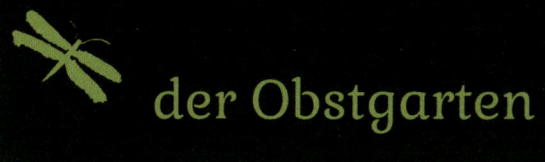

Der Obstgarten besteht jetzt aus kahlen Bäumen, die ihrer Blätter entkleidet wie Statuen auf der Wiese stehen.

Ohne Blätter zeigt sich die wahre Form der Bäume – einige ragen groß und aufrecht empor, andere wachsen krumm und geduckt eher nah am Boden.

Siehst du die runden gelben und grünen Kleckse auf den Zweigen? Es sind Flechten – schlaue Schimmelpilze, die fast überall wachsen können.

Spitze Eiszapfen hängen an den Zweigen. Höre, wie sie schmelzen – sie tropfen, tropfen, tropfen …

Kaninchen suchen nach Zweigen, Rinde und Gras als Nahrung, damit sie jetzt, wo die Blumen und Früchte nicht mehr da sind, etwas zum Fressen haben.

Weihnachtsbäume werden durch die Straßen nach Hause getragen, wo sie mit Christbaumkugeln und Lichtern geschmückt werden.

Achte auf die Stechpalmenzweige! Reife rote Beeren leuchten unter den dornigen Blättern – Futter für die Vögel und Weihnachtsdekoration für dich.

Sing mit den Sternsingern, wenn die freudigen Weihnachtslieder die Luft erfüllen!

Der Himmel wird im Winter schnell dunkel; in klaren Nächten kommen die Sterne hervor und funkeln im Schwarz.

Im Efeu untergeschlüpft fressen hungrige Vögel die Beeren, die noch reifen, wenn alle anderen aufgefressen sind.

Hast du den Fuchs spät in der Nacht schreien gehört? Sein schrilles Heulen kann furchterregend klingen, aber er ruft nur seinen Partner.

Lauf los und hüpf in die Fußspuren im Schnee – haben sie die gleiche Größe wie deine?

Funkelnde Lichter

Im Winter wird aus Tag schnell Nacht, aber in der Weihnachtszeit sind die dunklen Straßen voller Farben und Licht. Die Blätter sind alle fort und die Gärten sind kahl, aber hübsche Kränze schmücken Türen, Weihnachtsbäume funkeln durch die Fenster und überall hängen Lichter und weihnachtlicher Schmuck.

Ein tschilpendes Rotkehlchen sitzt unter der Straßenlaterne und singt in die Dunkelheit, und mit dem ersten Frost zeigen sich Eisblumen an Fenstern, Geländern und auf Gehwegen. Pass gut auf, damit du auf dem glatten Eis nicht ausrutschst!

Überall sind farbenfrohe Weihnachtslichter, sie zieren die Straßen, leuchten zwischen den Zweigen der Bäume und funkeln in den Fenstern.

79

Kay Maguire erhielt ihre Ausbildung in den Royal Botanical Gardens, Kew, und schreibt seitdem über das Gärtnern und die Natur und macht Filme dazu. Sie schreibt für Zeitschriften und Websites und ist Autorin des preisgekrönten Buchs „How To Grow Your Own Crops in Pots". Sie hat das Glück, in einem der tollen königlichen Parks von London zu leben, wo sie mit großer Freude ihre eigene Nahrung anbaut, Rad fährt und mit ihren Kindern den Hund ausführt.

Danielle Kroll ist eine in Brooklyn lebende Künstlerin und Designerin. Sie hat ihr Studium an der Tyler School of Art abgeschlossen und anschließend im Anthropologie's Art Department in Philadelphia gearbeitet. Derzeit beschäftigt sie sich mit vielfältigen Projekten, von Illustration über Textilien bis zu Design. Wie auch immer die Aufgabe lautet: Alles, was Danielle kreiert, ist von Hand und mit Liebe gemacht. Ihr verschmitzter Stil zielt darauf ab, Neugier zu wecken und deinen Tag ein klein wenig heiterer zu machen.

1. Auflage 2016
© 2016 Carlsen Verlag GmbH
Völckersstr. 14–20, 22765 Hamburg

Die englischsprachige Erstausgabe ist 2015 im Vereinigten Königreich
unter dem Titel Nature's Day bei Wide Eyed Editions,
einem Imprint von Aurum Press, erschienen.
Originalausgabe Nature's Day © Aurum Press Ltd 2015
Illustrationen © Danielle Kroll 2015

Text: Kay Maguire
Übersetzung: Inga Hübner
Lektorat: Caroline Jacobi
Herstellung: Nicole Boehringer
Lithografie: Margit Dittes Media, Hamburg

www.carlsen.de